kailash

Lorna Byrne

Deine SEELE LEUCHTET

Mit der Weisheit der Engel durch das Jahr

Herausgegeben und aus dem Englischen übersetzt von Bettina Lemke

kailash

Quellen:
Lorna Byrne, Liebe. Die Kraft, die alles ändert. Kailash, München 2014
Lorna Byrne, Eine Botschaft der Hoffnung. Die Weisheit der Engel für gute und schwierige Zeiten. Kailash, München 2012
www.lornabyrne.com

Bildnachweis:
Getty Images, München: 8-9 (Contributor), 12 (Jason Oxenham), 34 (Tim Graham), 42-43, 106, 116 (Contributor/NUNTAN/Gamma-Rapho), 58 (Nur Photo/Contributor), 94 (Lonely Planet/Gareth Mccormack)
iStockphoto, Calgary/Kanada: 16 (Contributor/Jean Gill),
laif, Köln: 66 (Karl-Heinz Raach), 80 (GAFF/Pierre Adenis), 86 (Heather McGrath/Vault Archives)
LOOK, München: 22 (Holger Leue), 26, 28, 50, 138 (Age fotostock), 32, 52, 54, 56, 88, 128 (H. & D. Zielske), 38, 40, 64, 72, 110-111, 134, 136 (design pics), 70 (Ingolf Pompe), 82, 122 (robertharding), 140 (Konrad Wothe)
Mauritius Images, Mittenwald: 14 (Age/Andrew Michael), 30, 102, 108 (Cultura/ George Karbus Photography), 46 (Age/Marga Werner), 76-77 (Image Broker/Andreas Vitting)
Shutterstock, New York: 20 (Balazs Kovacs Images), 24 (Andy Linden), 36 (Tiramisu Studio), 48 (Foto Travel), 60 (Sigapo), 62 (Kwiatek7), 68 (Pearl Bucknall), 84 (Dirk Ercken), 90 (Phil Darby), 92, 142 (Fireglo), 96 (Peter Raymond Llewellyn), 98 (Youngoggo), 104 (wildwave4), 114 (Maksim Shmeljov), 118, 132 (Nico Muller Art), 120 (CTatiana), 126 (Art Family), 130 (Lachlan von Nubia)

MIX
Paper from responsible sources
FSC® C084279

Verlagsgruppe Random House FSC® N001967

1. Auflage
Originalausgabe

Bildredaktion: Ute Heek
Satz: Satzwerk Huber, Germering
Umschlaggestaltung und Layout: Daniela Hofner, ki 36 Editorial Design, München
Umschlagmotiv: plainpicture/Design Pics/The Irish Image Collection
Druck und Bindung: Print Consult, München
Printed in Slovak Republic
ISBN 978-3-424-63128-9
www.kailash-verlag.de

Inhalt

*Wenn Engel uns berühren,
helfen sie uns zu erkennen,
dass jeder von uns wahrlich
gesegnet ist.*

Einführung

Dieses Buch soll Ihnen im Laufe der Jahreszeiten helfen, Ihre spirituelle Seite zu erkennen. Es unterstützt Sie dabei, Dinge bewusster wahrzunehmen und sich in Ihrem Leben gesegnet zu fühlen. Sie sollten Folgendes wissen: Sie sind nicht alleine, nicht einmal für eine Sekunde. Ihr Schutzengel ist bei Ihnen, er ist der Torhüter Ihrer Seele und liebt Sie bedingungslos. Mithilfe dieses Buches können Sie erkennen, wie sehr Sie geliebt und geschätzt werden, denn in Ihrem Inneren befindet sich ein spirituelles Wesen, Ihre Seele. Ihre Seele ist der Lichtfunken, der so hell strahlt wie nichts anderes, was je ein Mensch zuvor gesehen hat – es handelt sich um Ihr spirituelles Selbst.

Ich möchte Sie durch jede Jahreszeit begleiten, damit Sie diesen heiligen Teil Ihres Selbst bewusster wahrnehmen. Lassen Sie uns eine gemeinsame Reise durch jede Jahreszeit machen. Ihr Schutzengel hält dabei Ihre Hand, um Ihnen zu helfen, Ihr Leben mit mehr Hoffnung und Lachen zu erfüllen. Diese Reise wird Sie dabei unterstützen, das Leben zu genießen. Wenn Sie Ihre spirituelle Seite bewusster wahrnehmen, wird Ihnen das die Augen öffnen, und so werden Sie all die Schönheit und die guten Dinge in Ihrem Umfeld sehen. Lassen Sie uns diese Reise gemeinsam beginnen, einen Schritt nach dem anderen. Lassen Sie uns bei jedem Schritt lächeln. Selbst wenn Sie sich etwas unsicher fühlen, sollten Sie wissen, dass Ihr Schutzengel bei Ihnen ist. Egal wer Sie sind oder was Sie in Ihrem Leben getan haben, Ihr Schutzengel wird Sie nie aufgeben, und er kann Sie nie verlassen.

Frühling

Frühling

Ihr Schutzengel möchte, dass Sie wissen, was der Frühling bei Ihnen bewirken kann. Der Frühling schenkt uns große Zuversicht, wenn wir neues Leben aus der Erde hervorsprießen sehen. Die Bäume erwachen sichtbar zum Leben, wenn ihre Knospen der grünen Blätter und Blüten austreiben. Die Vögel zwitschern und verkünden, dass der Frühling da ist und unser Leben von neuem beginnen kann. Wir alle werden von Hoffnung und Freude erfüllt. Wachen Sie daher auf und lassen Sie sich vom Frühling inspirieren. Es ist eine Zeit der Neuanfänge. Mit einem neuen Jahr bekommen wir eine neue Chance, die Dinge zu verändern, die wir in unserem Leben verändern wollen. Eine Chance, ein erfüllteres, freudvolleres Selbst zu fördern. Der Frühling schenkt uns die Möglichkeit, uns neu zu orientieren, uns bewusst zu machen, was wir in unserem

Leben haben, woran wir festhalten und was wir loslassen möchten. Betrachten Sie die Dinge, die Sie loslassen möchten, genau. Bitten Sie Ihren Schutzengel darum, Ihnen dabei zu helfen. Visualisieren Sie einfach, wie Sie die Dinge, die Sie loslassen wollen, in einen Beutel packen und diesen in einen Mülleimer werfen. Zu den Dingen, von denen Sie sich trennen möchten, könnten zum Beispiel negative Gefühle wie Schmerz, Wut oder Eifersucht gehören. Vielleicht möchten Sie auch körperliche Veränderungen in Ihrem Leben erreichen. Möglicherweise geht es auch darum, Liebeskummer oder die Trauer über den Verlust einen geliebten Menschen zu überwinden. Wachen Sie auf und lassen Sie zu, dass der Frühling Sie inspiriert.

An jedem Tag
des Jahres wird uns die Chance
auf einen Neuanfang geschenkt.

Die Hoffnung bringt Menschen zusammen und bewegt sie dazu, Dinge zu verbessern. Wenn das geschieht, werden die Menschen heiterer, sie strahlen mehr von innen heraus und können daraufhin größere Ziele verwirklichen. Menschen, die daran glauben, dass man Dinge zum Besseren verändern kann, sind wie Leuchtfeuer für uns – und sollten unterstützt werden.

Egal wie einsam Sie sich auch fühlen mögen – Sie sind nie allein. Ihr Schutzengel verlässt Sie nie, nicht einmal für eine einzige Minute. Er war bereits bei Ihnen, bevor Sie gezeugt wurden, und er bleibt bis über Ihren Tod hinaus bei Ihnen. Daher sind Sie nie allein, egal wie einsam Sie sich auch fühlen mögen. Ihr Schutzengel ist der Torhüter Ihrer Seele. Egal welcher Religion Sie angehören oder ob Sie überhaupt irgendeinen Glauben haben, egal ob Sie an Engel glauben oder nicht, Ihr Schutzengel ist stets an Ihrer Seite und wartet darauf, dass Sie ihn um Hilfe bitten. Sie sind ihm sehr wertvoll und kommen für ihn an erster Stelle. Er wird alles für Sie tun, was in seiner Macht steht. Sie müssen ihn lediglich darum bitten.

Die Engel lehren uns, das Leben zu genießen

Vor kurzem besuchte ich eine ältere Nachbarin, Mrs Stacey. Sie saß in einem großen altmodischen Armsessel, während wir uns unterhielten. Sie erzählte mir, dass sie tags zuvor im Garten gearbeitet und es sehr genossen hatte, obwohl sie nicht mehr so viel tun konnte. Sie wusste, dass ihr Schutzengel bei ihr gewesen war und ihr geholfen hatte. Als sie mir von ihrer Freude berichtete, die sie beim Gärtnern empfand, erschienen zwei Engel. Es war, als säßen sie auf den Armlehnen ihres Sessels. Die Engel sahen aus wie der Frühling. Einer von ihnen hielt ein einfaches weißes Gänseblümchen in den Händen, und im Schoß des anderen Engels schienen mehrere verschiedenfarbige Blumensorten verstreut zu sein. Offenbar waren es größere und üppigere Varianten von Blumen, als wir sie kennen – es waren Stiefmütterchen und weitere Gänseblümchen darunter. Es war erst Frühling geworden, und ich wusste, dass Mrs Staceys Garten noch nicht blühte, aber im Sommer würde er in voller Blüte stehen. Die Engel halfen ihr zu lernen, sich am Leben zu erfreuen. Sie erzählte mir, dass sie das Leben jetzt viel mehr genieße und sich nach Kräften bemühe, Freude an all den einfachen Dingen zu haben, die sie in der Vergangenheit ignoriert oder als selbstverständlich erachtet habe. Sie sagte mir auch, wie unwichtig ihr materielle Dinge nun vorkämen. Sie gestand mir allerdings, dass sie sehr an ihrem Sessel und ihrem Garten hänge. Und sie fügte hinzu, dass sie einen Spaziergang machen wolle, nachdem ich gegangen sei – einen kurzen Spaziergang, weil ihr Körper mehr nicht zulasse –, aber sie würde den Gang genießen und stehen bleiben, um mit jedem zu reden, der ihr begegne.

*Wenn wir uns erlauben,
das Leben zu lieben, bekommen wir
geistige und körperliche Energie und beginnen,
mehr Sinn in unserem Leben zu sehen.
Wir werden glücklicher und gesünder und
sind außerdem besser in der Lage, mit den
Widrigkeiten des Lebens fertigzuwerden.*

*Der Engel der Hoffnung
ist ein Lichtstrahl in unserem Leben.
Er hilft uns, das Licht der Hoffnung in unserem
Inneren während unseres gesamten Lebens am
Brennen zu halten. Die Hoffnung spielt im Leben
eines jeden eine enorme Rolle. Die Hoffnung
macht das Unmögliche möglich.*

Sobald Sie mit Lebensfreude an die Arbeit oder irgendeine andere Aufgabe herangehen, werden Sie zuversichtlicher und beginnen, das Positive an Ihrer Tätigkeit zu sehen. Sie erkennen, wie gern Sie mit Ihren Kollegen zusammen sind oder wie nett viele Ihrer Kunden sind. Wenn Sie mit einer solchen Lebensfreude an die Arbeit herangehen, verfügen Sie geistig und körperlich über mehr Energie und sind in der Lage, Ihren Job besser zu erledigen. Sie sind offen dafür, Chancen zu erkennen und zu nutzen, neue Dinge zu lernen oder einen neuen Job anzunehmen. Es hilft Ihnen, im Leben vorwärtszukommen.

Viele Menschen sind bereit, eine Aufgabe zu übernehmen, die andere Leute als Bürde empfinden würden. Häufig fördert ihr Engagement für diese Sache ihre Lebensfreude, und diese schenkt ihnen wiederum Energie und Kraft, um Hürden zu überwinden, die ihnen möglicherweise in den Weg gestellt werden.

Die Engel haben mir stets gesagt, dass jeder sich immer daran erinnern sollte, die lichten Punkte in seinem Alltag zu sehen, egal wie unbedeutend sie ihm auch erscheinen mögen. Entscheiden Sie sich dafür, die kleinen Dinge zu schätzen. Genießen Sie Ihre Tasse Tee, die Blumen im Garten und das Lächeln eines Kindes. Wenn man niedergeschlagen ist, verlernt man es leicht, diese Dinge zu schätzen, daher sollten Sie sich immer wieder daran erinnern, den Moment zu genießen, was immer Sie auch tun.

Die Engel bitten uns manchmal darum, ihnen zu helfen. Gelegentlich haben wir plötzlich das Gefühl, dass wir jemanden anrufen oder durch einen Park gehen sollten oder dass wir einen fremden Menschen anlächeln oder ein Gespräch mit ihm beginnen sollten. Manchmal sind gerade scheinbar unbedeutende oder alberne Dinge ein Zeichen der Hoffnung für einen anderen Menschen, eine Botschaft seines Engels. So unbedeutend etwas uns auch vorkommen mag, so wichtig könnte es für einen anderen sein. Kinder haben eine natürliche Begabung für diese Dinge. Die Engel können viel leichter mit Kindern kommunizieren. Und ein Kind zögert nicht, auf einen völlig fremden Menschen zuzugehen, ihn anzusprechen oder ihm eine selbstgepflückte Blume zu schenken.

Als Erwachsene sollten wir uns Folgendes bewusst machen: Wenn uns der Gedanke in den Sinn kommt, etwas für einen anderen Menschen zu tun – selbst wenn es ein Fremder ist –, sollten wir es ohne Umschweife machen. Wir sind die Boten der Engel, und manchmal ist es schwierig für sie, jemandem ihre Botschaften zukommen zu lassen oder ihm Zeichen zu geben, da wir uns dagegen sträuben, sie zu übermitteln. Manchmal könnte ein Zeichen, das Sie jemandem geben sollen, dessen Leben retten. Möglicherweise ist er sehr niedergeschlagen und verzweifelt, und Sie werden aufgefordert, eine Kleinigkeit zu tun. Doch was Ihnen wie eine Kleinigkeit erscheint, könnte für einen anderen Menschen eine große Bedeutung haben.

Sie sollten nie denken,
Sie hätten keine Hilfe verdient.
Wir alle haben Hilfe verdient, und die Engel
helfen uns sehr gerne.

Das Potenzial für die Liebe ist grenzenlos. Wir sind alle in der Lage, unendlich viel Liebe zu schenken und zu empfangen. Einen Menschen zu lieben bedeutet nicht, dass man weniger für einen anderen übrig hat. Es gibt niemanden, der nicht liebenswert wäre oder keine Liebe verdient hätte, egal wie sein bisheriges Handeln beurteilt wird. Und niemand ist unfähig zu lieben.

Das Gebet hat eine ungeheure Kraft,
die wir viel zu sehr unterschätzen.
Beten kann Berge versetzen, wenn wir es nur
zulassen. Wenn Sie erkennen, wie mächtig ein
Gebet sein kann, werden Sie sich nie mehr
hoffnungslos fühlen.

Niemand betet alleine.
Wenn Sie zu Gott beten, ist eine große Anzahl von Gebetsengeln da, die gemeinsam mit Ihnen beten, egal welchen Glauben Sie haben oder wie Sie sich verhalten. Sie sind da, verstärken Ihr Gebet und setzen sich für Sie ein.

Sommer

Sommer

Ihr Schutzengel möchte, dass Sie sich der Liebe in Ihrem Inneren bewusst sind. Ihr Schutzengel möchte Sie während dieser Sommermonate daran erinnern, dass Sie reine Liebe sind. Ihr Schutzengel möchte Ihnen dabei helfen, sich selbst zu erlauben, so frei zu sein wie die Sonne, die hell am Himmel leuchtet. Lassen Sie die Sonne auf sich herabscheinen. Nehmen Sie das Licht Ihrer spirituellen Seite genauso wahr wie die strahlende Sonne am Himmel. Lassen Sie dieses Licht hervortreten und erkennen Sie die Fülle in Ihrer Umgebung.

Blühende Blumen, Früchte an den Bäumen, die Vögel in der Luft. Lassen Sie innerlich los und genießen Sie all die guten Dinge, die Sie in Ihrem Leben wahrnehmen. Sie werden unterschiedliche Größen haben, manche groß, manche klein, aber vergessen Sie nicht, die Dinge zu erkennen, die diesen Sommer umsonst sind: die einfachen alltäglichen Dinge. Bemühen Sie sich nach Kräften darum, auf Ihren Schutzengel zu hören, damit Sie all die wunderbaren Aspekte des Sommers genießen können.

*Die Liebe ist die stärkste Kraft der Welt.
Sie stammt aus unserer Seele. Sie bringt
all die Freude und alles Glück in unser Leben.
Sie hilft uns, die richtige Richtung einzuschlagen,
und sie treibt uns an, egal was in unserem
Leben gerade los ist. Die Liebe macht
das Leben lebenswert.*

Wir alle sind reine Liebe. Aber die meisten von uns haben diese Liebe in ihrem Inneren eingeschlossen und lassen sie nicht hinaus. Die Liebe in uns bleibt jedoch immer da. Wir können sie einsperren, aber wir können sie nicht zerstören, und wir haben stets das Potenzial, sie freizusetzen. Dafür müssen wir jedoch zuerst lernen, uns wieder selbst zu lieben. Wenn wir uns nicht selbst lieben können, sind wir nicht fähig, einen anderen Menschen zu lieben.

Anstatt all die Unvollkommenheiten bei sich selbst zu sehen, sollten Sie die Schönheit in Ihrem Inneren wahrnehmen. Sie sollten lernen, sich so zu sehen, wie es Ihr Schutzengel tut. Sie sollten sich selbst gestatten, die Güte, das Mitgefühl und die Liebe zu erkennen, die in Ihnen sind.

Jeder Einzelne von uns spielt
eine einzigartige Rolle in dieser Welt.
Niemand kann sie für uns übernehmen.

Die Engel haben mir ein Gebet geschenkt, das Ihnen hilft, Ihre Liebe freizusetzen:

Lieber Gott,
bitte hilf mir,
das wertvollste Geschenk freizusetzen,
das Du mir gegeben hast,
das Geschenk der Liebe,
die Liebe, die vom Himmel stammt
und mit meiner Seele verbunden ist.
Amen.

Der größte Teil unseres Lebens besteht aus all den kleinen normalen und alltäglichen Dingen. Wenn wir diese Dinge ignorieren oder als trivial und unwichtig abtun, verpassen wir etwas im Leben. Uns entgeht, was wirklich wichtig ist. Ob es uns bewusst ist oder nicht, die großen Dinge setzen sich aus vielen kleinen Dingen zusammen.

Egal was uns im Leben widerfährt, wir sollten eine Tür für neue Freundschaften offen lassen. Wir sollten uns der Möglichkeit nicht verschließen, dass ein Bekannter, den wir bisher kaum wahrgenommen haben, das Potenzial hat, ein guter Freund zu werden; dass ein Fremder, dem wir noch nicht begegnet sind, ein sehr wichtiger Freund für uns werden könnte.

Es ist die Bestimmung jedes Einzelnen, das Leben zu genießen. Das heißt, Sie sollten jeden Tag und jede Minute voll ausschöpfen und versuchen, jeden Moment bewusst wahrzunehmen und nach Möglichkeit zu genießen. Ihr Leben findet heute statt. Nicht gestern oder morgen. Es findet jetzt statt. In diesem Moment.

Häufig finden wir den Schlüssel,
um die Liebe über den Hass siegen zu lassen,
wenn wir den Mut haben,
den ersten Schritt zu tun.

Wir sind stets von Schönheit umgeben.
Wir bemerken sie lediglich nicht immer,
und häufig denken wir, es sei nicht wichtig.
Doch die kleinen schönen Details in
unserer Umgebung helfen uns dabei,
das Leben schätzen zu lernen.

Viele von uns denken zu sehr an sich selbst und versuchen stets, das Beste für sich herauszuschlagen. Dabei sollten wir mehr an andere denken und nichts für selbstverständlich halten. Sobald wir andere Menschen unterstützen, verbessert sich unsere Lebensqualität, denn durch unsere Hilfsbereitschaft finden wir zu einem erfüllteren Leben. Wenn wir anderen Menschen helfen, fördern wir unser Selbstwertgefühl und unsere eigene Lebendigkeit.

Machen Sie sich bewusst, dass Fremde Ihnen Botschaften Ihrer Engel übermitteln. Manchmal sagt jemand etwas zu Ihnen, das Sie tief berührt. Es könnte ein Verkäufer in einem Laden sein, ein Busfahrer, ein Nachbarskind. Es könnte für Sie eine Ermutigung oder ein Zeichen der Hoffnung sein. Vielleicht erinnert es Sie auch an etwas, das ein geliebter Mensch, der nicht da ist, einmal zu Ihnen gesagt hat. Hören Sie gut zu. Zweifeln Sie nicht an Ihren Gefühlen. Sie sollten diese besonderen Momente nicht abtun oder missachten.

Engel glauben sehr stark an den Humor. Sie versuchen mich häufig zum Lachen zu bringen, und sie tun das auch bei anderen Menschen, denen es nicht gut geht. Nutzen Sie jede Gelegenheit zum Lachen. Dinge von einer humorvollen Seite zu betrachten, kann Ihre Stimmung erheblich steigern. Selbst wenn Sie über einen lustigen Film lachen, kann das eine sehr aufbauende Wirkung haben.

Egal was in Ihrem Leben los ist, egal wie schwer manche Dinge für Sie sein mögen, Sie sind hier, um das Leben voll auszuschöpfen. Je mehr Sie das tun, desto besser können die Engel Ihnen helfen und Sie durch alle Höhen und Tiefen führen. Beginnen Sie, all die wunderbaren Dinge in Ihrem Umfeld wahrzunehmen: Machen Sie einen Spaziergang und betrachten Sie die wunderschöne Natur. Schenken Sie Ihren Nachbarn ein Lächeln, wenn Sie ihnen zufällig auf der Straße begegnen. Die meisten von uns erachten viele Dinge als selbstverständlich. Erst wenn wir etwas verlieren, erkennen wir, wie wertvoll es eigentlich war.

Mit der Hilfe der Engel

Neulich war ich mit meiner Tochter Ruth auf einem überfüllten Parkplatz eines Einkaufszentrums. Ruth saß am Steuer. Als wir auf den Parkplatz fuhren, flüsterten die Engel mir ins Ohr. Sie forderten mich auf, zu den parkenden Autos zu schauen. Ich erblickte eine ältere Dame, die sehr gestresst wirkte. Ihr Auto befand sich dicht zugeparkt in einer Ecke. Ein großer Laster stand daneben, und ein weiteres Auto war sehr dicht dahinter geparkt. Die Frau stieg in ihr Auto ein und wieder aus. Dann ging sie einmal außen herum und sah dabei sehr verzweifelt aus. Sie hatte offenbar keine Ahnung, wie sie aus der Parklücke herauskommen sollte, ohne ein anderes Fahrzeug zu beschädigen. Hilfe suchend blickte sie sich um. Da öffnete sich das Licht ihres Schutzengels und sprach ohne Worte zu mir: »Hilf ihr, Lorna! Niemand sonst hört zu.« Ich sah viele Engel auf dem Parkplatz, die anderen Autofahrern etwas ins Ohr flüsterten, die die Frau ebenfalls bemerkt hatten, aber niemand war bereit, auf seinen Engel zu hören und der Frau zu helfen.

Ich sagte zu Ruth, dass ich der Frau helfen würde. Dann stieg ich aus und ging zu ihr hinüber. Ich fragte sie, ob ich ihr helfen könne. Zunächst zögerte sie. Da nahm ihr Schutzengel sie fest in seine Arme, und sie taute ein wenig auf und entspannte sich. Dann gab sie mir ihren Autoschlüssel. Das Auto war sehr alt, und sie sagte mir, es sei sehr schwer, den Rückwärtsgang

einzulegen. Ich erwiderte, sie solle sich keine Sorgen machen und dass ich es schon schaffen würde.
Ich klang zuversichtlich, aber ich hatte Bedenken. Das Auto war sehr eng eingeparkt, und ich bin selbst in Situationen, in denen ich mich sicher fühle, nicht gerade die beste Einparkerin. Als ich in das Auto der Frau einstieg, saß ein Engel auf dem Beifahrersitz. Ich sagte ohne Worte zu ihm: »Ich brauche Hilfe, es ist kaum Platz vorhanden, um das Auto zu bewegen.«
Der Engel forderte mich auf, in den Rückspiegel zu schauen. Als ich es tat, sah ich, dass der Wagen von vielen Engeln umgeben war. »Bewege das Auto Zentimeter für Zentimeter«, sagte der Engel neben mir. Ich tat, wie er mich geheißen hatte. Die ältere Dame stand hinter dem Auto und dirigierte mich, und auf diese Weise begann ich, aus der engen Parklücke herauszurangieren. Der Engel auf dem Beifahrersitz sagte zu mir, ich solle die Frau auffordern, sich neben das Auto zu stellen, da sie im Weg stand. Das tat ich und arbeitete mich weiterhin langsam vorwärts, bis das Auto auf einem freien Platz stand, von dem die Frau problemlos wegfahren konnte.
Als ich die Autotür öffnete, um auszusteigen, sah ich einige Leute, darunter auch meine Tochter, sowie zahlreiche Engel, die mein Manöver beobachtet hatten. Die ältere Dame umarmte mich und bedankte sich bei mir. Sie sagte, sie werde für mich beten, und ich erwiderte, dass ich ebenfalls für sie beten würde. Ihr Schutzengel warf mir ein dankbares Lächeln zu.
Wir alle sollten anderen unsere Hilfe bereitwilliger anbieten und ihnen zeigen, dass wir für sie da sind.

Herbst

Herbst

Ihr Schutzengel möchte, dass Sie diesen Herbst auf Ihr Leben zurückblicken. Der Herbst ist eine Jahreszeit, in der uns die herrliche Umwelt gezeigt wird, in der wir unser Leben verbringen. Während Sie den Reichtum der Natur in Ihrer Umgebung wahrnehmen, möchte Ihr Schutzengel, dass Sie sich selbst und Ihr Leben betrachten, damit Sie erkennen, was Sie erreicht haben. Sagen Sie Folgendes zu sich selbst, während Sie die dritte Jahreszeit des Jahres erleben: »Ja, ich habe es großartig gemacht. Ich bin so weit gekommen, und ich weiß, dass ich es kann!« Auf diese Weise erkennen Sie auch den Herbst in Ihrem eigenen Leben bewusst an. Betrachten Sie alles, was Sie erreicht haben. Betrachten Sie alles, was in Ihrem Leben zum Vorschein gekommen ist, vor allem die Zunahme Ihrer Spiritualität. Erkennen Sie Ihre Fähigkeit an, Ihre spirituelle Seite wahrzunehmen. Betrachten Sie sich selbst im Spiegel, denken Sie über Ihr Leben nach und nehmen Sie wahr, wie die Farben des Herbstes durch Sie hindurchscheinen.

Wenn Sie sich selbst vergeben, schenken Sie sich innere Ruhe und Erlösung und können liebevoller mit allen Menschen in Ihrem Umfeld umgehen. Wenn Sie sich selbst vergeben, vergeben Sie auch allen Menschen in Ihrem Umfeld.

Ein Gebet um Vergebung und innere Ruhe

Gott,
bitte vergib mir all meine Unzulänglichkeiten,
all meine Verfehlungen.
Schenke mir die Gnade, all denen zu vergeben,
die mich verletzt haben.
Amen.

*Dieser Planet wurde uns geschenkt,
damit wir ihn unser Leben lang bewohnen, lieben
und genießen können. Aber uns wurde auch die
heilige Aufgabe übertragen, ihn den kommenden
Generationen zu übergeben.*

*Das Licht der Seele ist kristallklar.
Kein Licht der Welt ähnelt dem Licht der Seele
in irgendeiner Weise, nicht einmal das Licht
des größten, strahlendsten Diamanten,
denn die Seele wird durch das Licht
Gottes erleuchtet.*

Wenn jeder die Schönheit
der menschlichen Seele so sehen könnte wie ich,
gäbe es keinen Hass, kein Töten und keinen Krieg.
Wenn ich die Seele eines anderen Menschen sehe,
werde ich von einem Gefühl der Liebe
überwältigt. Diese Liebe kann den Hass besiegen,
wenn wir es nur zulassen würden.

Das Wichtigste im Leben sind unsere Beziehungen – angefangen bei den einfachen Begegnungen mit Menschen, die wir nur im Vorübergehen auf der Straße anlächeln, bis zu den tieferen Beziehungen mit unserer Familie, mit Freunden und geliebten Menschen. Beziehungen sind unschätzbar. Sie sind viel wichtiger als materielle Dinge, und viel zu oft betrachten wir sie als selbstverständlich.

Zuweilen sind wir so beschäftigt,
dass wir vergessen, zu leben und die normalen
alltäglichen Freuden zu genießen. Wir versuchen
so viel in unser geschäftiges Leben
hineinzupacken, dass wir darüber ganz
vergessen, was wichtig ist.

*Bitten Sie Ihren Schutzengel darum,
Ihnen zu helfen, die alltäglichen Dinge mehr
zu genießen. Versuchen Sie die Schönheit in den
Dingen zu sehen, die Ihnen begegnen. Üben Sie
das gezielt jeweils ein paar Minuten lang, bis
es Ihnen zur Gewohnheit geworden ist.*

Wir alle sollten unsere Verletzlichkeit zeigen. Wir müssen lernen, dass es in Ordnung ist, verwundbar zu sein, denn niemand ist perfekt. Freundschaften sind häufig der beste Ort, um diese Verletzlichkeit zu offenbaren. Achten Sie das nächste Mal, wenn Sie mit Ihren Freunden zusammen sind, darauf, wer sein wahres Selbst zeigt, mit allen Unvollkommenheiten, und wer sich hinter seiner Barriere verschanzt und sich und sein Leben als perfekt darstellt. Möglicherweise sind Sie es. Falls andere Menschen zu wenig Vertrauen zu Ihnen haben, sollten Sie versuchen, ihnen den nötigen Rückhalt und Zuspruch zu geben, damit sie sich offener mitteilen können.

Den Engeln zufolge geht eine große Verantwortung mit tiefer Freundschaft einher. In einer intensiven und engen Freundschaft sind die Menschen durch Vertrauen miteinander verbunden, durch das Gefühl, ihren Freunden alles in ihrem Leben anvertrauen zu können.

Es ist wichtig, liebevolle Gedanken über Freunde zu hegen, insbesondere nach einem Zwist. Es ist sogar wichtig, auf eine liebevolle Weise über jeden Menschen zu denken. Wenn wir liebevolle Gedanken hegen, setzen wir etwas mehr von der Liebe frei, die wir in uns verschlossen halten.

Der Wert der Freundschaft

Freundschaften fördern unsere persönliche Entwicklung und lassen uns fürsorglicher und verständnisvoller werden. Ich konnte das beim Leiter eines Supermarktes beobachten, in dem ich viele Jahre eingekauft habe. Als ich vor ein paar Jahren wieder einmal dort einkaufte, war der Leiter von Engeln umgeben. Diese sagten mir, ein neuer, junger Mitarbeiter stelle seine Geduld regelmäßig auf die Probe. Doch der Supermarktleiter war in der Lage, damit umzugehen, weil er im Laufe der Jahre etwas Wichtiges über die Freundschaft gelernt hatte.

Den Engeln zufolge hatte er sich seinen Mitarbeitern überlegen gefühlt, als er vor mehr als zehn Jahren die Leitung des Supermarktes übernommen hatte. Die Arbeit war für ihn kein Ort für Freundschaften gewesen, und er hatte nicht geglaubt, dass irgendeiner seiner Angestellten ihm auf einer freundschaftlichen Basis etwas zu bieten hatte. Er war den Mitarbeitern gewiss nicht als Freund begegnet und war ein ziemlich unpersönlicher und reservierter Chef gewesen.

Doch eines Tages, als er circa sechs Monate in dem Geschäft war, machte er einen großen Fehler bei einer Bestellung und fürchtete, seinen Job zu verlieren. Da kam einer seiner Mitarbeiter auf ihn zu und sagte ihm, er solle sich keine Sorgen machen. Er und ein paar andere Kollegen würden ihm helfen, das Problem zu beheben. Das taten sie auch. Den Engeln zufolge baute der Mann zum ersten Mal seine Barrieren ab und gab der Freundschaft an seinem Arbeitsplatz Raum.

Durch seine Freundschaften in der Arbeit entwickelte er großes Verständnis für viele verschiedene Menschen. Er hatte viel gelernt, daher hatte er große Geduld mit dem neuen Mitarbeiter, obwohl dieser ihm gehörig auf die Nerven ging.

Gott und die Engel haben mir stets gesagt, dass sie uns lediglich dazu auffordern, etwas so gut zu machen, wie wir es eben können. Mehr erwarten sie nicht von uns, aber wir sollten es zumindest versuchen.

Wir alle haben eine Verantwortung, mit dafür zu sorgen, dass so wenig Liebe wie möglich in Kindern eingeschlossen wird. Kinder sind unsere Zukunft. Und die Welt sollte sich ausschließlich so weiterentwickeln, dass jede Generation liebender und mitfühlender ist als die vorige. So wurde es mir gezeigt. Das ist nur möglich, wenn wir die Kinder in unserem Umfeld unterstützen, sie schützen und ermutigen, damit sie ihre Liebe nicht einschließen müssen.

Wir alle sollten uns bewusst machen, dass wir die Wahl haben, wie wir reagieren, wenn uns schwierige Dinge widerfahren. Es kann eine automatische Reaktion sein, mit Zorn und Hass zu reagieren, aber es ist nie die beste. Wenn wir mit Hass reagieren, sperren wir mehr von unserer eigenen Liebe ein. Seien Sie sich dessen bewusst, wenn Ihr erster Impuls darin besteht, mit Hass zu reagieren, Sie haben eine Wahl.

Wenn wir unsere Spiritualität fördern, werden wir mitfühlender, wir sehen vermehrt das Gute in anderen, und das macht uns friedfertiger und gütiger.

Winter

Winter

Ihr Schutzengel möchte, dass Sie Ihre Träume betrachten. Nehmen Sie aufmerksam all die Dinge wahr, die in Ihrem Leben möglich sind. Der Winter ist eine Zeit, um sich all die Dinge bewusst zu machen, die Sie während des Jahres inspiriert haben. Wenn Sie dem Winter begegnen, befinden sich die Bäume im Winterschlaf. Viele Tiere und Insekten überwintern ebenfalls im Schlaf, um sich auf den Frühling vorzubereiten. Auch Sie wissen, dass das Jahr sich dem Ende zuneigt. Sie befinden sich am Ende einer Reise – einer unglaublichen Reise. Blicken Sie mit einem Lächeln auf all die Dinge, die Ihnen nun etwas bedeuten: die Liebe in Ihrem Leben, neue Freunde, Ihr spirituelles Wachstum, Ihre Arbeit, ein neues Zuhause oder sogar ein Hundewelpe. Die Tage werden kürzer, daher finden Sie Zeit zum Nachdenken, um innerlich zur Ruhe zu kommen und zu erkennen, wer Sie sind. Sie können die Liebe und Freude in Ihrem Herzen wahrnehmen. Sie können spüren, wie Ihre spirituelle Reise Sie Ihrem Schutzengel nähergebracht und Ihr Herz geöffnet hat. Nutzen Sie die Chance, die der Winter Ihnen bietet, um all die Liebe, die in Ihrem Inneren vorhanden ist, und all die Liebe, die Sie in Ihr Leben hineingelassen haben, mit anderen zu teilen. Der Winter ist eine Zeit der Feste. Bedanken Sie sich für das Glück und die Erfüllung, die Sie im Leben gefunden haben. Sie ruhen sich nun im Winter aus und sehen erneut dem Frühling entgegen, der Zeit aller Neuanfänge. Ihr Schutzengel war die ganze Zeit bei Ihnen, und Sie haben auf ihn gehört. Gut gemacht.

*Wir können ein Licht im Leben
eines anderen Menschen sein,
egal wie kurz dieser Moment
auch sein mag.*

Niemand ist ungeliebt.
Wenn Sie das Gefühl haben, dass niemand
Sie liebt und sich um Sie sorgt, irren Sie sich.
Ihr Schutzengel befindet sich in jedem Moment
Ihres Lebens hinter Ihnen und überschüttet
Sie ständig mit seiner Liebe.

Ich sehe viele Engel, die Lichter vor den Menschen hochhalten, um sie zu ermutigen. Wenn ich einen Engel sehe, der ein Licht vor jemanden hält, weiß ich, dass diese Person gerade eine schwere Zeit durchmacht und der Engel das Licht hochhält, um dem Menschen die Hoffnung und den Mut zum Weitermachen zu schenken.

*Bitten Sie Ihren Schutzengel darum,
Sie seine Liebe spüren zu lassen – selbst wenn
es nur ein bisschen davon ist. Sie können darum
bitten, indem Sie im Stillen oder hörbar mit Ihrem
Schutzengel sprechen. Ich spreche mit meinem
Schutzengel wie mit meinen Freunden.*

Niemand stirbt allein.

Es gibt keinen Grund, Angst vor dem Sterben zu haben. Wenn dieser letzte Moment kommt, ist er frei von Leid, und Sie sind bereit zu gehen. Sie sind nicht allein. Ihr Schutzengel ist bei Ihnen. Geliebte Menschen, die vor Ihnen gestorben sind, heißen Sie willkommen und versichern Ihnen, dass es keinen Grund gibt, Angst zu haben. Manche Menschen leiden bis zu diesem letzten Moment, aber in diesem Augenblick gibt es kein Leid mehr.

Der Tod ist wie eine Geburt. Das mag seltsam erscheinen, aber Sie werden tatsächlich in ein neues Leben hineingeboren. Eigentlich »sterben« Sie nicht. Sie verlassen lediglich den Körper beziehungsweise die Hülle – wie eine Eierschale. Sie sind mehr als ein Körper. Sie sind Körper und Seele, und Ihre Seele stirbt nie.

Mauras Geschichte

Lange bevor ich mit dem Schreiben begonnen habe, erzählte mir eine Frau namens Maura eine wunderschöne Geschichte darüber, wie die Engel sie einmal um die Weihnachtszeit trösteten, nachdem ihr Mann gestorben war. An jenem Weihnachtstag stand Maura beim Geschirrspülen in der Küche und erinnerte sich an die schönen Zeiten, als ihr Mann und ihre Kinder noch zusammen waren. Die Kinder waren mittlerweile alle erwachsen, aber sie hatten immer noch ein inniges Verhältnis zu ihr. Maura hatte eine wunderbare Familie, aber trotzdem fühlte Sie sich einsam und vermisste den Mann, den sie so inniglich geliebt hatte. Sie war sehr traurig, und ihre Augen waren mit Tränen gefüllt, als sie flehte: »Bitte gib mir ein Zeichen. Zeig mir, dass du wirklich da bist, dass du nicht ganz fortgegangen bist.«

Ihrer Intuition folgend, ließ sie das Geschirr in der Spüle liegen und ging durch die Küche in den Garten hinaus. Sie fragte sich, ob ihr Mann tatsächlich im Himmel war und ob er im Geiste noch bei ihr sein konnte. Sie betrachtete die Bäume und Pflanzen, die gewachsen waren, seitdem er gestorben war, und plötzlich fing es unvermittelt an zu schneien.

Maura lachte, und da sie die Präsenz ihres Mannes irgendwie spürte, sprach sie laut zu ihm: »Du hast mich also in den Garten geholt. Ich bin kurz vor dem Erfrieren, und es schneit.«

Die Schneeflocken rieselten weiterhin herab, und aus irgendeinem unerfindlichen Grund zog eine Schneeflocke Maura an. Sie spürte ein starkes Verlangen, diese eine Schneeflocke zu fangen. Sie streckte die Hand aus, und die Schneeflocke landete darauf. Maura betrachtete sie voller Verwunderung. Die Schneeflocke schmolz nicht. Als sie genauer hinsah, erkannte sie, dass es gar keine Schneeflocke war. Es war eine winzige Feder, nicht größer als eine Schneeflocke. Es waren keine Vögel in der Nähe. Sie konnte von nirgendwoher gekommen sein. Als Maura die Feder berührte, traten Tränen in ihre Augen, und sie bedankte sich aus tiefstem Herzen. Sie dankte Gott und den Engeln, und sie dankte ihrem viel geliebten Mann.

Diese kleine Feder zu empfangen, erfüllte Mauras Herz mit Freude. Es war ein Zeichen, dass ihr Mann glücklich im Himmel war. Und er war immer noch bei ihr, wenn sie ihn brauchte, das wusste sie jetzt auch. Nun hatte sie die Hoffnung und Kraft, mit der Zukunft fertigzuwerden, sowie die Gewissheit, nicht alleine zu sein. Die Feder ließ ihre Überzeugung wieder aufleben, dass die Seele ihres Mannes im Himmel war und sie ihn eines Tages wiedersehen würde. Sie hielt die kleine Feder fest in ihrer Hand, als sie ins Haus zurückging, um nach einem besonderen Platz zu suchen, an dem sie ihre wertvolle Feder aufbewahren konnte. So würde sie stets wissen, dass ihr Mann im Geiste bei ihr war und dass auch Gott und die Engel bei ihr waren.

Ich sehe Engel, die trauernde Menschen begleiten und sie trösten. Aber häufig ist unser Kummer so groß, dass wir diesen Trost nicht spüren. Versuchen Sie sich daran zu erinnern, dass die Engel bei Ihnen sind. Die Engel schicken uns besonders in einer solchen Zeit aufbauende Signale und wirken oft durch andere Menschen, die uns trösten oder uns aufmunternde Worte schenken.

Ein Gebet für schwierige Zeiten

Gott,
lasse die Gnade der Hoffnung über mich strömen
und lasse mich stets das Licht der Hoffnung sehen,
das hell vor mir leuchtet.
Erhelle die Dunkelheit, indem Du mich mit
Glauben und Hoffnung erfüllst und mich den Trost
Deiner Liebe empfangen lässt.
Schenke mir den Mut und die Kraft
der Gewissheit, dass ich diese schweren
Zeiten überstehen werde.
Erfülle mich mit der Freude und
dem Vertrauen der Gewissheit, dass ich
Dein Kind bin und dass Du für mich sorgen
wirst und für diejenigen, die ich liebe.
Erhöre mein Gebet.
Amen.

Es gibt sehr viel mehr im Leben als nur materielle Dinge. Häufig denken wir, sie seien das einzig Wichtige, aber mit dieser Einstellung verpassen wir so vieles andere.

Es ist wichtig, auf andere zuzugehen und ihnen zu helfen, wenn sie enttäuscht wurden, eine Auseinandersetzung hatten oder sich in irgendeiner Weise niedergeschlagen fühlen. Wir sind alle miteinander verbunden, daher ist es wichtig, dass wir Verantwortung für Menschen übernehmen, die unseren Weg kreuzen, nicht nur für enge Freunde oder Verwandte.

Jeder von uns trägt die Gnade der Heilung in sich. Immer wenn Sie dem Drang folgen, jemandem zu helfen, der leidet – jemandem, den Sie lieben, oder jemandem, dem Sie noch nie begegnet sind –, nutzen Sie die Gnade der Heilung. Liebe und Mitgefühl setzen die Heilkraft frei, die in Ihnen ist.

Ein Weihnachtsgebet der Hoffnung

Mein Gott,
ich bitte Dich dieses Weihnachten darum,
dass das Geschenk des Engels der Hoffnung
in mein Leben kommt,
in das Leben derer, die ich liebe,
und in das Leben jedes Menschen auf der Welt,
der in dieser Zeit Hoffnung braucht.
Amen.

Nehmen Sie sich die Zeit, Weihnachten zu genießen

In der heutigen Welt sind wir häufig in Eile, aber die Engel sagen mir, dass wir dabei oft vergessen, worum es im Leben eigentlich geht. Es geht nicht nur um Arbeit, Hektik und Termine. Wir sollten einen Moment innehalten und die Schönheit der Menschen in unserem Umfeld wahrnehmen. Und wir sollten unser Leben von der Gutherzigkeit der Menschen durchdringen lassen. Wir brauchen Zeit, um uns zusammenzusetzen und uns entspannt mit der Familie und Freunden zu unterhalten sowie mit Menschen, die wir vielleicht nicht gut kennen, und manchmal auch mit völlig fremden Leuten. Wir sollten uns die Zeit nehmen, uns bewusst zu machen, wie glücklich wir uns schätzen können, am Leben zu sein.

Die Phase von November bis Januar ist nicht nur in vielen Religionen eine Zeit der Festlichkeiten. Es ist auch eine Zeit, in der das alte und das neue Jahr ineinandergreifen. Und quer durch viele Kulturen ist es auch eine Zeit des Neuanfangs. Das ganze Jahr über haben wir das Potenzial für Neuanfänge, aber die meisten von uns neigen dazu, dieses Potenzial zu ignorieren, da wir Angst vor Veränderungen haben. Oder wir nehmen uns einfach nicht die Zeit, um uns vorzustellen, wie positive Veränderungen in unserem Leben aussehen würden. Wir haben so viele potenzielle Chancen, aber wir ergreifen nur sehr wenige davon. Jeden Tag haben wir das Potenzial für Neuanfänge in unserem Leben. Aber wir machen es uns nicht bewusst.

Neuanfänge müssen nicht groß und dramatisch sein. In der Regel handelt es sich nicht um einen Lotteriegewinn oder einen Umzug in ein anderes Land, und es hat auch nichts damit zu tun, berühmt zu werden. Bei Neuanfängen geht es häufig darum, die eigene Einstellung sich selbst gegenüber zu verändern. So viele von uns verschließen ihr wahres Selbst, weil sie verletzt wurden oder sich unzulänglich fühlen. Erlauben Sie sich, Liebe und Mitgefühl sich selbst gegenüber zu empfinden. Wenn Sie doch nur sehen könnten, was die Engel mir zeigen – wie unnötig schwer wir es uns im Leben machen –, Sie würden darüber schmunzeln. Der stärkste Neuanfang besteht darin, die Liebe – sich selbst und anderen gegenüber – wachsen zu lassen.

Über die Autorin

© Shane McCarthy Photography

Lorna Byrne, geboren und aufgewachsen in Irland, kann seit frühester Kindheit Engel sehen und mit ihnen kommunizieren. Seit sie 2008 das erste Mal mit ihrem Wissen an die Öffentlichkeit ging, erreichte ihre Botschaft mehr als eine Million Leser in der ganzen Welt. Ihre Bücher erschienen in mehr als 50 Ländern und wurden in 28 Sprachen übersetzt. Lorna Byrne ist Mutter von vier Kindern und lebt zurückgezogen in Irland.

Im Kailash Verlag erschienen die internationalen Bestseller »Engel in meinem Haar«, »Himmelspfade«, »Eine Botschaft der Hoffnung« und »Liebe – Das Geschenk des Himmels«.

Weitere Informationen unter www.lorna-byrne.de